SEO - alles was Sie wissen müssen

ein Praktiker Handbuch

Einleitung: Warum Sie dieses Buch lesen sollten	6
Abgrenzung SEA	7
Warum ist SEO wichtig?	7
Wie funktioniert SEO?	8
Wie arbeiten die Suchmaschinen?	8
Crawler und Bots	10
Hier kommen den Suchmaschinen zwei Umstände zur Hilfe:	11
Content	11
Links	11
Video-Content	12
YouTube	12
Googles Mobile First Index	14
3 Tipps zum Mobile First Index	14
Content vergleichen	14
Nutzen Sie ein responsive Design	15
Passen Sie Ihr mobiles Design an	15
Unterschiede	16
So erhöhen Sie Ihr Ranking	16
Rang	17
Glaubwürdigkeit	18
Nutzen	19
Der richtige Content	20
Keyword-Strategie	20
Content, Content, Content!	21
Video-Content	23
YouTube	23
Visueller Content	24

Homepage	25
Produktseiten	25
Blog	25
Wie man richtig SEO betreibt	26
Sichtbarkeit	26
XML Sitemap	27
Strukturierung	27
Tags	29
Meta-Beschreibung	29
Headline-Tags	30
Links	31
Leistung	32
Mobile-Websites	33
Offpage Optimierung	34
Die richtige Balance macht es aus	34
Updates von Google	35
Wie Sie Ihren Content richtig verbreiten	36
E-Mails	37
Gastbeiträge	38
Blog	38
Phrasen als mächtige Keywords	39
Die richtige Analyse	41
Keywords	42
SEO-Leistung überprüfen	44
Besucher	44

Aktionen	45
Indexierte Seiten	46
Keywords und Phrasen	47
Bewertungen	47
RankBrain und Click Through Rate (CTR)	48
Verbessern Sie Ihre Click-Through-Rate	49
Schlusswort	51
Über den Autor	52
Haftungsausschluss	53
Kontakt	55

Einleitung: Warum Sie dieses Buch lesen sollten

Der Begriff SEO steht für „Search Engine Optimization", zu deutsch Suchmaschinenoptimierung. Gemeint sind spezielle Verfahren, durch die Ihre Website in Suchmaschinen wie Google einfacher gefunden wird und bei einer Suche im Bestfall ganz oben angezeigt wird. Es gibt On-Page-Faktoren, die Sie direkt auf Ihrer Homepage beeinflussen können, und Off-Page-Faktoren, die dementsprechend nicht direkt im Verhältnis auf der Website konfiguriert werden können. Die Techniken vereinfachen es möglichen Kunden, die nach Ihrem Unternehmen oder dessen Produkten suchen, Ihre Seite unter den Search Engine Result Pages (SERPs) im Web zu finden. Damit fällt SEO unter den Bereich des SEM, dem Search Engine Marketing, also der Werbung und des Vertriebs Ihrer Produkte über Suchmaschinen. Dieser Vertriebszweig teilt sich in eben diese auf natürliche Weise hervorgerufene Wirkung und eine Marketingstrategie, die Geld für Suchanfragen bezahlt. Bei Letzterem handelt es sich um das Search Engine Advertising SEA, dem Gegenstück des SEO.

Abgrenzung SEA

Beim SEA „kaufen" Sie Suchanfragen, indem Ihre Website bei speziellen Suchen immer an oberster Stelle angezeigt wird. Diese bezahlten Plätze im Ranking werden dementsprechend gekennzeichnet und erscheinen auch über den natürlichen, organischen Suchergebnissen.

Digital Marketing & E-Commerce - ecx.io - an IBM Company
[Anzeige] www.ecx.io/services ▼
Wir bieten umfassende Software-Lösungen im Digital Marketing & E-Commerce.

Analytics Agentur und Suchmaschinenoptimierung - Mehr Wissen ...
www.analytics-agentur.ch/ ▼
Was können wir für Sie tun? Suchmaschinenoptimierung! Sind Sie ein KMU, eine Zahnärztin, ein Anwalt, ein NGO? Sie wollen gefunden werden bei Google?

Warum ist SEO wichtig?

In dieser Sekunde suchen fast 90.000 Personen etwas auf Google, im Jahresverlauf summiert sich diese Summe auf mehr als 2 Billionen. Die Gründe für SEM sind demnach mehr als offensichtlich. Denn täglich gehen Ihrer Website tausende an Klicks verloren, wenn sie nicht im Index von Google enthalten ist. Und weniger Klicks bedeuten im Internet auch weniger Verkäufe.

Wie funktioniert SEO?

Eine Umgestaltung der Website nach den Techniken der SEO bieten nicht nur für Sie leicht verständliche Vorteile. Im Grunde geht es sogar eher um eine auf den potentiellen Kunden zugeschnittene Erfahrung, indem Sie ihm die Inhalte liefern, die ihn interessieren.

Doch bessere Rankings brauchen Zeit. Eine Optimierung für die Suchmaschinen passiert nicht von heute auf morgen, vielmehr ist die Entwicklung in mehreren Schritten das entscheidende Kriterium.

Wie arbeiten die Suchmaschinen?

Angleichungen an die Algorithmen der Suchmaschinen sollten ständig geschehen. Denn wie sich die Anfragen der Nutzer und der möglichen Kunden ändern, so sollte ihnen auch ein auf ihre Wünsche zugeschnittenes Ergebnis geliefert werden. Der Weg dorthin führt vor allem über den richtigen Content und über eine flüssige Website, unabhängig vom Gerät, auf dem die Seite aufgerufen wird. Dabei kann SEO eine sinnvolle Massnahme sein. Wichtig ist, dass Sie die

Vorschriften und Anhaltspunkte der Suchmaschinen einhalten, um die Chance auf gute Listenplätze zu jeder Zeit zu wahren. Zusätzlich kann der auf die Zielgruppe angepasste Content nach der Technik des „White-Hat-SEO" nicht oft genug betont werden. Organisches Wachstum Ihrer Website ist in jedem Fall illegalen Praktiken zur Steigerung des Traffics vorzuziehen, nicht zuletzt weil diese von den Betreibern der Suchmaschinen hart bestraft werden.

Versetzen Sie sich in die Lage eines Nutzer: Sie nutzen eine Suchmaschine, um Inhalte zu einem bestimmten Anliegen zu finden. Befriedigt die aufgerufene Website Ihre Bedürfnisse, merken Sie sich den Namen und besuchen diese zu höherer Wahrscheinlichkeit später wieder.

Suchmaschinen greifen auf Datenbänke zurück, um dem Nutzer passende Informationen liefern. Die Suchmaschinen sammeln und bewerten diese Informationen nach eigenen Algorithmen im Verfahren der Indexierung und speichern sie dementsprechend im Index. Zurückgegriffen wird so auf alle möglichen Ecken des Internets.

Crawler und Bots

Künstliche Intelligenz, sogenannte „Crawler" oder Bots", durchsuchen Webpage nach Webpage und stossen so in die Tiefen des Internets. Nur die bereits indexierten Internetseiten können auch vom Nutzer gefunden werden.

Die Giganten der Branche verfügen mittlerweile über eine unvorstellbare Summe an gesammelten und bewerteten Links. Wie kommt ein Nutzer jetzt aber von seiner Suche zu Ihrer Website unter den SERPs?

Hier kommen den Suchmaschinen zwei Umstände zur Hilfe:

Content

Die Inhalte der Homepage: Bei der Durchsicht Ihrer Website fallen der künstlichen Intelligenz Begriffe auf, die die Seite repräsentieren. Diese verstecken sich etwa in den Meta-Titeln und Beschreibungen oder in Markups, also Bereichen, die wichtige Inhalte des Artikels, der Website oder Ihres Unternehmens zusammenfassen.

Links

Verweise auf Ihre Website: Sie profitieren davon, wenn andere Websites auf Ihre Homepage verweisen, gleich auf doppelte Weise. Zum einen erhalten Sie direkt neue Aufrufe von Personen, die auf den Link klicken. Viel wichtiger könnte allerdings sein, dass Suchmaschinen die Verlinkung auf Ihre Website positiv in ihre Bewertung aufnehmen. Tendenziell sind Links von renommierten Webpages dabei mehr wert als Verlinkungen von Blogs auf Ihre Seite.

Parallel zum Verfassen der Suchanfrage beginnt die Suchmaschine schon, ihre Datenbanken zu durchforsten. In den Ergebnissen werden dann einerseits die passendsten Seiten gezeigt, andererseits landen häufig besuchte Seiten weit oben.

Video-Content

Videos sind momentan DIE Art von Content, der viral geht. Gemäss Cisco werden Videos bis 2021 80% allen Online-Traffics ausmachen. Im Moment ist die Nachfrage nach Videos grösser als das Angebot. Das heisst, Sie haben hier einen noch nicht gesättigten Markt und Ihre Leser WOLLEN Ihre Videos. Wir zeigen Ihnen jetzt, was Sie für Möglichkeiten haben für audiovisuellen Content.

YouTube

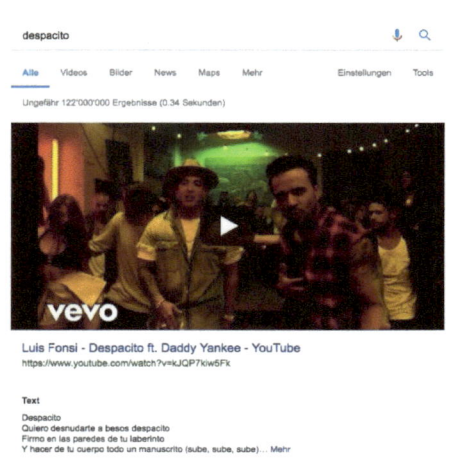

YouTube ist bereits heute die zweitgrösste Suchmaschine der Welt und wächst noch weiter. Gemäss der Huffington Post verbringen wir 60% mehr Zeit auf YouTube als 2016. Die zweitgrösste Suchmaschine der

Welt muss unbedingt in Ihre Strategie einfliessen, da Sie ansonsten einen riesigen Markt schlicht verpassen.

Auch Videos lassen sich SEO-optimieren. Vergessen Sie nicht, dass YouTube zu Google gehört und auch zum Ranking beiträgt. Sie haben vielleicht bemerkt, dass auch YouTube-Videos in den Suchresultaten bei Google eingeblendet werden. Darum macht das umso mehr Sinn, sich diesem Thema bewusst anzunehmen.

Googles Mobile First Index

Ab 2018 wird Google den Mobile First Index einführen. Das bedeutet, die mobile Version Ihrer Website wird von Google zuerst bewertet, die Desktop-Version ist zweitrangig. Diese Änderung macht auch Sinn, da heute bereits 60 %, also über die Hälfte aller Google Suchanfragen über ein mobiles Gerät erfolgen.

3 Tipps zum Mobile First Index

Content vergleichen

Einige mobile Websites haben Ihren Text teils verborgen hinter einem „mehr"-Button. Mit dem Mobile First Index wird dies zu einem grossen Problem, da der verborgene Text nicht bewertet wird. Darum st es wichtig, dass Ihre Website auch in der mobilen Version allen Text anzeigt. Aus diesem Grund sollten Sie auch für die mobilen Nutzer 100% der Inhalte Ihrer Desktop-Version anzeigen.

Nutzen Sie ein responsive Design

Ein responsive Design bedeutet, dass sich die Website dem Endgerät anpasst, sprich, bei einem iPhone Plus ist die Website dem Bildschirm angepasst, wie aber auch bei einem Android-Gerät oder Tablet.

Passen Sie Ihr mobiles Design an

Je kleiner das Gerät ist, desto einfacher muss das Design sein. Wenn eine mobile Seite nicht übersichtlich und auf den ersten Blick alles klar ist, wird Sie nicht verwendet werden.

Unterschiede

Doch Google, Yahoo, Bing und Co zeigen unterschiedliche Ergebnisse an. Das liegt an den Arten, die Datenbänke zu bewerten, also an verschiedenen Algorithmen. Wie einzelne Komponenten gewichtet werden, ist also schlussendlich massgeblich.
Am Beispiel Google erkennt man die Komplexität der Berechnungen. Fast 1000 Faktoren spielen eine Rolle in der fertigen Liste der Resultate. Der folgende Text gibt einen Überblick über die Funktionsweise der Prozesse der Berechnung der Ergebnisse.

So erhöhen Sie Ihr Ranking

Ihre Homepage auf den Index der Suchmaschinen zu bringen und sie damit auffindbar zu machen ist eine Leichtigkeit im Vergleich dazu, dass sie tatsächlich gefunden wird, wenn ein Nutzer verschiedene Schlüsselbegriffe eingibt. Dabei spielen im Wesentlichen vier Faktoren eine Rolle: Neben dem Rang ist entscheidend, wie vertrauenswürdig Ihre Seite ist und wie sie auf spezielle Schlüsselwörter spezialisiert ist. Hinzu kommen technische Hintergründe.

Rang

Der Rang ist die Position, die Ihre Website in den SERPs bei bestimmten Suchanfragen einnimmt. Wie zuvor im Abschnitt „Wie Suchmaschinen arbeiten" beschrieben wurde, ist Ihr Rang ein Indikator dafür, wie relevant Ihre Website für einen Suchbegriff aus Sicht der Suchmaschine ist und welche Autorität sie besitzt. Es wird empfohlen, den Rang respektive die Positionen Ihrer Website in den SERPs regelmässig zu prüfen, um festzustellen, ob Ihre SEO-Massnahmen wirksam sind. Da es aber auch zahlreiche Faktoren gibt, die ausserhalb von Ihrem Einflusses liegen, sollten Sie sich nicht nur auf Rankings versteifen. Es ist ganz normal, dass Ihre Website von Zeit zu Zeit Sprünge von 1–5 Positionen macht. Wenn es Ihnen jedoch gelingt, Ihre Seite um 10, 20, 30 Positionen nach vorne zu bringen, können Sie schon stolz sein.

Der Rang ist einfach der Platz in den Resultaten der SERPs. In den Abschnitten zuvor wurde verdeutlicht, dass der Rang ausschlaggebend für die Relevanz und Autorität Ihrer Website ist und damit, als wie wichtig sie von den Suchmaschinen erachtet wird. Sie sollten sich des Ranges Ihrer Website zu jeder Zeit bewusst sein, um Fortschritte im

Suchmaschinen-Marketing zu messen. Trotzdem können Sie die Rangliste nicht zu hundert Prozent beeinflussen und eine gewisse Variabilität ist ganz natürlich. Ihr Ziel sollte jedoch eine klare Tendenz in die oberen Suchergebnisse sein.

Glaubwürdigkeit

Durch eingehende Links fremder Websites (Inbound-Links) kann die Glaubwürdigkeit und die sogenannte Autorität Ihres Contents auf Ihrer Seite beschrieben werden. Dazu nutzen Suchmaschinen komplizierte Algorithmen, um die Seiten und deren Links zu bewerten. Hierbei gilt aber nicht die Regel, mehr ist gleich besser, sondern insbesondere die Qualität ist entscheidend. Wenn Sie eine Verlinkung einer sehr seriösen Seite erhalten, kann es durchaus sein, dass dies zu einem besseren Ranking führt, als zehn Verlinkungen von unseriösen Seiten. Dabei spielt auch das Alter der Domain, die auf Sie verlinkt, eine Rolle. Ältere Domains werden als vertrauenswürdiger angesehen, diese haben einen höheren Trust-Faktor.

Nutzen

Durch Semantische Suche können Suchmaschinen Ihre Texte besser erfassen und erkennen, wie relevant diese sind. Dazu werden die Texte mit verschiedenen Parametern abgeglichen. Diese ergeben sich aus verwandten Suchanfragen. Somit ist es möglich, eine gewisse Übersicht über ihre Texte zu bekommen. Um den Suchmaschinen bei der Verarbeitung der Daten zu helfen, ist es von Vorteil, wenn Sie die Daten mit Hilfe von Überschriften oder fett geschriebenen Keywords strukturieren.

Die vorhin erwähnte semantische Suche ist nur mit Unterstützung von künstlicher Intelligenz zu verwirklichen. So ist es möglich, die Bedeutung von Suchanfragen zu verstehen und aus ihnen zu lernen. Diese künstliche Intelligenz wird „RankBrain" genannt. Sie besteht aus verschiedenen komplexen Algorithmen und soll die Suche effizienter machen.

Der richtige Content

Nun wäre eine logische Schlussfolgerung, die Texte ständig zu aktualisieren und zu überarbeiten. So könnten Sie schliesslich auf die Veränderung der Suchmaschinen eingehen. Doch es ist viel vorteilhafter, wenn Sie bereits bei der Erstellung der Texte mehr Zeit aufwenden und auf Kohärenz im Content zu achten. Dies impliziert quasi einen einzigartigen und hochwertigen Content zu erstellen, der auch in fünf Jahren noch brauchbar oder recyclebar ist.

Keyword-Strategie

Früher wurden die Websites mit den meisten Keywords zu der Suchanfrage ganz oben angezeigt. Dies änderte sich aber mit der Einführung des PageRank. Nun wurden Seiten mit den meisten eingehenden Links weiter oben gelistet. Da es aber nach einiger Zeit auch hier zu erheblichen Manipulationen kam, wurde der Content als Ranking-Faktor gewählt. Es sollen also nur Seiten mit gutem Content und einer klaren Strukturierung oben angezeigt werden. Es geht dabei um einzigartige Keywords, denn von diesen gibt es weitaus mehr, als alle am meisten genutzten Keywords zusammen (Longtail-Theorie).

Optimieren Sie Ihre Website also auf einzigartige Keywords, diese können im Übrigen auch mal drei oder vier Wörter umfassen. Damit Sie für ein bestimmtes Keyword generell gut gerankt werden, empfiehlt es sich, dieses auf mehreren Seiten Ihrer Website vorkommen zu lassen.

Content, Content, Content!

Ein guter und reichhaltiger Content ist massgebend, damit Sie ausreichend Keywords und damit viele Treffer in der Suchmaschine generieren können. Nur so lässt sich mehr Traffic gewinnen. Es ist besonders wichtig, dass der Content einen Mehrwert liefert, denn nur so lassen sich Leads oder Kunden erzeugen. Es reicht also nicht, wenn Sie eine hohe Anzahl an Texten vorzeigen können, diese aber eine schlechte Qualität haben. Es benötigt eine hohe Qualität. Wenn der Text sehr kurz aber informativ ist, kann er durchaus sehr gut gerankt werden.

Damit Sie alle Informationen in Ihrem Beitrag packen, empfiehlt es sich, auf einem Blatt alle W-Fragen zu klären. So vergessen Sie keine

Informationen und der Nutzer findet alles zum Thema, was er benötigt. Kurz ist manchmal einfach besser. Es gibt verschiedenen Arten von Websites, welche wiederum verschiedene Eigenschaften vorweisen sollten. Im folgendem befindet sich eine kleine Übersicht.

Video-Content

Videos sind momentan DIE Art von Content, der viral geht. Gemäss Cisco werden Videos bis 2021 80% allen Online-Traffics ausmachen. Im Moment ist die Nachfrage nach Videos grösser als das Angebot. Das heisst, Sie haben hier einen noch nicht gesättigten Markt und Ihre Leser WOLLEN Ihre Videos. Wir zeigen Ihnen jetzt, was Sie für Möglichkeiten haben für audiovisuellen Content.

YouTube

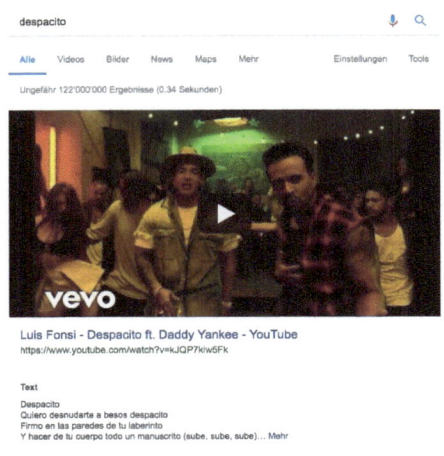

YouTube ist bereits heute die zweitgrösste Suchmaschine der Welt und wächst noch weiter. Gemäss der Huffington Post verbringen wir 60% mehr Zeit auf YouTube als 2016. Die zweitgrösste Suchmaschine der Welt muss unbedingt in Ihre Strategie einfliessen, da Sie ansonsten einen riesigen Markt schlicht verpassen.

Auch Videos lassen sich SEO-optimieren. Vergessen Sie nicht, dass YouTube zu Google gehört und auch zum Ranking beiträgt. Sie haben vielleicht bemerkt, dass auch YouTube-Videos in den Suchresultaten bei Google eingeblendet werden. Darum macht das umso mehr Sinn, sich diesem Thema bewusst anzunehmen.

Visueller Content

Wir haben Ihnen vorher erklärt, wie wichtig Video, also audiovisueller Content wird. Genauso wichtig ist auch sonstiger visueller Content. Achten Sie darauf, dass Sie möglichst viel visuell darstellen können. Auch bei einem Blogbeitrag können Sie Bilder einfügen. Durchschnittlich jeder dritte Marketing-Experte gibt an, dass der visuelle Content das wichtigste Mittel sei, vor allem seit dem Aufkommen von Instagram und Pinterest. Fügen Sie Bilder ein, wo immer Sie können. Auch Infografiken und Screenshots als Erklärungen werden viel mehr wahrgenommen als Text-Content.

Homepage

Auf einer Homepage sollten Sie sich stark vertreten fühlen, sprich eine detaillierte Beschreibung Ihres Geschäfts. Es sollte also ein Text vorhanden sein der Sie oder Ihr Unternehmen mit aussagekräftigen Formulierungen beschreibt, man spricht hierbei auch von sogenannten High-Level-Messages.

Produktseiten

Angenommen Sie verkaufen spezifische Produkte oder Dienstleistungen, sollten Sie für jedes Produkt eine eigene, zugeschnittene Seite erstellen, um Verwirrungen zu entgehen.

Blog

Blogs dienen der Informationsweitergabe. Hier können Sie ausführlich über Themen, Produkte, Dienstleistungen etc. berichten. Bleiben Sie konstant dabei, um Ihre Leser ständig auf dem laufendem zu halten und um neuen Content zu erschaffen. Es ist nicht wichtig, dass die Keywords so oft vorkommen wie möglich, sondern es kommt auf guten Content an.

Wie man richtig SEO betreibt

Es gibt viele Faktoren, um eine Seite zu optimieren. Doch dafür benötigt es teilweise wissen, welches nur ein Informatiker oder Experte aufweisen kann. Doch auch Sie können Ihre Website für Suchmaschinen optimieren. Dabei betrachtet man zwei Faktoren, zum einem die Offpage Optimierung und zum anderen die Onpage Optimierung. Bei Onpage-Faktoren geht es um Aspekte, die sich auf Ihrer Seite befinden. Das kann Content sein, aber auch das Design der Seite oder die Struktur. Zunächst soll es um Onpage-Faktoren gehen.

Sichtbarkeit

Damit Ihre Website in den SERPs Rankings erscheint, muss diese sichtbar sein. Dies gelingt mithilfe einer kleinen Datei, robots.txt, wird einer Suchmaschine gesagt, wie und wo diese suchen muss und darf. Auf diese Datei wird als erstes zugegriffen, sprich die Suchmaschine sucht nach der Datei. Ist diese Datei nicht vorhanden oder schwer aufzufinden, kommt es zu Komplikationen und zu langen Ladezeiten. Dies ist nicht gut für Ihre Bewertung. Es eignet sich also, diese Datei ganz oben im Quellcode Ihrer Seite einzubauen. Ein genauer Aufbau einer solchen Datei finden Sie genügend im Internet, denken Sie aber daran, der Suchmaschine so viele Seiten wie nur möglich crawlen (durchsuchen) zu dürfen, damit mehr Content für Übereinstimmungen zur Verfügung steht.

XML Sitemap

Ein weiteres Element für die Indexierung Ihrer Website ist die XML Sitemap. Wie der Name schon verrät, handelt es sich hierbei um eine Karte Ihrer Seite. Diese Karte kann eine Suchmaschine viel schneller, besser und gründlicher durchsuchen als die Website. Dieses Verzeichnis können Sie in der Google Search Console hinterlegen.

Strukturierung

Eine saubere Struktur ist nach dem Content das wichtigste Augenmerk von Suchmaschinen wie Google. Es bringt nichts, wenn eine Seite tollen Content hat, aber keiner sich dort zurechtfindet. Deshalb sollten Sie, wenn möglich, auch Ihre URL-Struktur anpassen. In der URL sollte die Überschrift des Themas der Seite stehen, dadurch kann eine Seite besser zugeordnet werden. Ganz wichtig, es dürfen keine Sonderzeichen in der URL ein, dies führt zu Fehlern beim Crawling.

Nicht nur Ihre URL soll möglichst klar bezeichnet sein, sondern auch Bilder. Jedes Bild, das Sie auf Ihre Seite laden, wird mit einem Namen versehen. Dieser wird wiederum im Quellcode gespeichert. Damit eine Suchmaschine aber weiss, um welches Bild es sich hierbei handelt und was zu sehen ist, sollten Sie das Bild aussagekräftig bezeichnen. Damit ist gemeint, der Titel des Bildes sollte aussagen, was auf dem Bild zu sehen ist. Das kann eine Suchmaschine auslesen und verarbeiten und verbindet eine Suchanfrage schneller und effizienter.

Zusätzlich können Sie den Suchmaschinen behilflich sein, indem Sie bei allen Bildern sogenannte Alt-Attribute hinzufügen. Diese Angaben werden dann angezeigt, wenn das Bild aufgrund eines Problems nicht angezeigt werden kann. Die Alt-Attribute können zum Beispiel Leseprogramme für blinde Internetnutzer mit Informationen füttern, dadurch können auch Blinde Ihre Bilder „sehen".

Tags

Neben der eigentlichen Titelzeile Ihrer Seite besitzt jede Website, einen Title-Tag. Das ist ein kurzer Text, maximal 70 Zeichen, der im Tab des Browsers angezeigt wird. Da dieser Text von Google bewertet wird, sollten Sie aussagekräftige Wörter wählen. Verwenden Sie am besten das zentrale Keyword der Website im Title-Tag. Ausserdem sollte jede Seite Ihrer Website einen eigenen Title-Tag haben, damit er wirklich einzigartig bleibt.

Meta-Beschreibung

Die Meta-Beschreibung (Meta-Description) ein Textausschnitt, der beschreibt, wovon eine spezifische Seite handelt. Meta-Beschreibungen werden üblicherweise als Text unterhalb des Links in Suchmaschinenergebnissen angezeigt. Falls Sie keinen Meta-Text für eine Seite festgelegt haben, entnimmt die Suchmaschine einen zufälligen Text aus dem Content. Das kann für Nutzer verwirrend erscheinen und Ihre Seite wird ignoriert, da Spam vermutet wird. Deshalb ist es besonders wichtig, eine Meta-Beschreibung zu erstellen. Diese darf maximal 175 Zeichen lang sein, also auch hier wieder aussagekräftige Wörter benutzen. Ganz wichtig, dass das Keyword vorkommt. Es eignet sich am Ende der Meta-Description eine Handlungsaufforderung (Call-to-Action) zu formulieren. Das kann zum Beispiel der Satz sein: „Jetzt hier klicken und alles erfahren."

Bedenken Sie bei Titel und Beschreibung, dass es sich dabei in der Regel um die ersten Elemente handelt, die ein neuer Besucher von Ihrer Website in der Suchmaschine sieht. Mit der Optimierung von Titel und Beschreibung können Sie erreichen, dass mehr Nutzer auf Ihre Website klicken.

Headline-Tags

Mit Headline-Tags können Sie Ihren Content noch besser strukturieren. Der erste Vorteil dabei ist, dass Suchmaschinen nach solchen Tags suchen, sollten diese Tags da sein, kann der Algorithmus den Inhalt und die Struktur schneller erkennen. Dadurch weiss eine Suchmaschine schneller, um was es in diesem Beitrag geht und Sie werden weiter oben gerankt. Der zweite Vorteil ist die Übersichtlichkeit für Ihre Leser. Wenn man sich auf Ihrer Seite leichter zurechtfindet, als auf anderen, dann bevorzugt man Ihre Seite und kommt wieder. Das erhöht besonders Ihre so wertvollen Wiederkehrenden-Besucher. Benutzten Sie pro Beitrag aber nur einmal den H1-Tag, da dieser quasi der Titel der Seite ist.

Links

Bisher ging es nur um Links oder Inbound-Links, das sind Links die auf Ihre Seite, von fremden Seiten, verweisen. Diese sind natürlich sehr wichtig, um ein gutes Ranking zu erreichen. Doch im Zuge des Themas Struktur, betrachten wir als nächstes die Links auf Ihrer Website. Wenn Sie zum Beispiel einen Blog über ein spezifisches Thema betreiben, gibt es wahrscheinlich mehrere Seiten, die sich quasi ergänzen. Um Ihre Leser darauf aufmerksam zu machen, sollten Sie diese Seiten gegenseitig verlinken.

Um dies zu bewerkstelligen, wählen Sie ein oder mehrere zusammenhängende Wörter aus und verlinken auf eine andere Seite auf Ihrem Blog, bei der dieses Thema besprochen wird. Dies nennt man Ankertext. Eine Suchmaschine geht dann davon aus, dass dieser Ankertext als Keyword auf der anderen Seite fungiert. Dies ist also immer zu beachten, sollte es um ein anderes Thema gehen, werden Sie abgestraft, da so eine fehlerhafte Weiterleitung als Irreführung gilt.

Leistung

Suchmaschinen bewerten auch die technischen Aspekte Ihrer Website ganz genau. Deshalb spielt es auch eine sehr grosse Rolle, wie gut Ihre Website funktioniert. Wichtigster Aspekt dabei ist, die Ladezeit der Seite. Damit Google, oder andere Suchmaschinen, die Nutzer schnell mit guten Ergebnissen bedienen können, wird darauf geachtet, ob eine Seite überhaupt funktioniert und wie schnell. Achten Sie also darauf, dass die Seiten Ihrer Website schnell geladen werden können. Nutzen Sie entsprechende Tools, um die Funktionalität zu überprüfen und sicherzustellen. Grosse Bilddateien führen zum Beispiel zu längeren Ladezeiten, optimieren Sie diese am besten schon beim Einbau. Achten Sie auf Elemente wie JavaScript oder Css. Diese können den Seitenaufbau verhindern, wenn sie zuerst geladen werden.

Mobile-Websites

Da immer mehr Menschen ein Smartphone besitzen, wandert der Nutzerfluss logischerweise auf dieses Endgerät. Das heisst, eine Optimierung für Mobile-Websites ist unumgänglich. Der Mobile Friendliness, ist ein Index von Google für Mobile-Websites. Er bewertet, wie gut Ihre Website für mobile Endgeräte geeignet ist. Ist Ihre Website nicht für
Mobilgeräte optimiert, werden über die Hälfte der Nutzer ein schlechtes Nutzererlebnis haben. Fatal, da Google das merkt und Sie entsprechend schlechter ranked. Eine gute und nachhaltige Onpage-Optimierung umfasst deshalb immer auch die Mobile-Optimierung.

Damit Sie nicht jede einzelne Seite neu gestalten müssen, eignet es sich ein Responsive Design zu verwenden. Dieses Design passt die Website immer dem entsprechenden Endgerät an. Dadurch können Sie problemlos jedes Endgerät bedienen. Bilder und Videos sollten nicht zu gross sein, um eine lange Ladezeit zu verhindern. Wichtig sind auch Symbole, welche angeklickt werden können, bedenken Sie hierbei, die

Nutzer müssen diese auch auf dem Smartphone einwandfrei per Touch bedienen können, also dürfen sie nicht zu klein sein.

Offpage Optimierung

Bisher wurden die Faktoren der Onpage Optimierung besprochen. Nun soll es um die Offpage Optimierung gehen. Das sind Faktoren, welche Sie nicht immer komplett selber beeinflussen können, dennoch gibt es einige Sachen, die Sie beachten müssen.

Die richtige Balance macht es aus

Backlinks sind der grösste Teil der Offpage Optimierung. Leider gehen noch heute viele Websitebetreiber davon aus, dass möglichst viele Backlinks gut für das Ranking sind. Doch das stimmt nicht mehr, bzw. nicht mehr ganz. Zu Beginn von Google, wurden Websites, die viele Verlinkungen auf sich vorweisen konnten, immer ganz oben gerankt. Dies führte dazu, dass Websitebetreiber solche Backlinks gekauft haben. Dabei geht es durchaus um Tausende von Links.

Diese derartige Manipulation hat den Wettbewerb extrem verzerrt. Google entschied sich, von fortan die Links zu bewerten. Hochwertige

Links können deshalb auch in geringer Anzahl, schlechte Links mit hoher Anzahl, überlegen sein. Wer heutzutage noch viele schlechte Links vorweist, wird von Google extrem bestraft. Deshalb ist die Balance sehr wichtig. Es sollten sich viele hochwertige und auch einige nicht allzu hochwertige Backlinks auf Ihrer Website befinden. Verzichten Sie am besten komplett darauf, Ihre Websites-Reputation durch gekaufte Links oder bewussten Linktausch zu verbessern. Google ist inzwischen sehr gut darin, derartige manipulative Massnahmen zu erkennen.

Updates von Google

Google aktualisiert die Algorithmen seiner Suchmaschinen regelmässig. Dadurch wird die Suchmaschine laufend besser und schlauer. Der Content Ihrer Website kann immer besser ausgelesen und ausgewertet werden. Durch die bekanntesten Google Updates Google Panda und Google Penguin, wurde es für Websites mit schlechtem Content und irreführenden Verlinkungen immer schwerer, gute Rankings zu erzielen. Somit verbessert sich der Algorithmus von Google stetig und die Lücken manipulierte SEO werden immer kleiner.

Wie Sie Ihren Content richtig verbreiten

In Zeiten der sozialen Netzwerke, ist es von grosser Bedeutung, auch hier präsent zu sein. Dies fängt bei Ihrer eigenen Fanpage auf Facebook an und endet bei einem Twitterkanal. Soziale Netzwerke steigen stetig an Nutzerzahlen an, der Markt, der sich dadurch erschliesst ist gigantisch. Nie war das Teilen und Kommentieren leichter. Das sollten Sie auch für Ihre Seite nutzen. Bauen Sie Schaltflächen ein, welche Ihren Nutzern es ermöglicht den Content auf diesen Netzwerken zu teilen. Wenn Sie zum Beispiel eine Website über Veranstaltungen betreiben, kann eine Facebook-Seite mehr Nutzer bringen. Das liegt daran, dass Google Daten auslesen kann die auf ein aktuelles Event hinweisen. Durch die logische Verbindung von Suchanfrage über ein Event und angebotenen Daten ergibt sich bei Google ein Match. Der Nutzer klickt dann auf den angezeigte Link, welcher zunächst erstmal auf Facebook hinweist. Auf Ihrer Fanpage kann er dann gezielt zu dem angebotenen Event auf Ihrer Website gelangen.

E-Mails

Mit E-Mails lassen sich Kunden oder potenzielle Kunden sehr leicht ansprechen, vorausgesetzt die E-Mail ist richtig gestaltet. Es gibt nichts schlimmeres als Spam und diesen kann man immer schlechter von hochwertigen E-Mails unterscheiden. Es ist also wichtig, dass Sie schlicht bleiben. Verfassen Sie eine ansprechende Mail und erzeugen Sie keine Reizüberflutung, die die Leser der Mail misstrauisch macht. Bauen Sie auch hier Möglichkeiten zum Teilen der Mail ein, so können die Leser den Inhalt schnell und leicht mit Freunden teilen. Wichtig ist natürlich, dass Sie auch auf Ihre Website verlinken, ruhig auch drei bis viermal, denn schliesslich ist der Sinn der Mail, dass Sie Besucher generieren.

Gastbeiträge

Mit Gastbeiträgen, können Sie Ihren produzierten Content auf viel besuchten Seiten veröffentlichen. Dabei gewinnen beide Seiten. Der Bertreiber der Website, auf welcher Sie publizieren, bekommt einzigartigen Content und mehr Besucher. Sie wiederum können durch einen platzierten Link davon profitieren, denn einige dieser Besucher werden auf diesen Link klicken und Ihre Seite besuchen. Dadurch können Sie Ihre Conversion-Rate steigern und mehr Umsatz generieren.

Blog

Falls Sie eine Website über spezielle Produkte betreiben, eignet es sich unter Umständen einen Blog anzubieten. Dort können Sie, oder andere Autoren, über die richtige Verwendung schreiben, oder Tipps geben. Dadurch wird wiederum Content produziert, der Ihnen mehr Besucher liefern kann.

Phrasen als mächtige Keywords

Sogenannte Longtail-Keywords sind ein Schlüssel zur erfolgreichen Suchmaschinenoptimierung. Obwohl diese Keywords weniger Traffic als die gewöhnlichen Begriffe erhalten, werden sie im Allgemeinen mit höher qualifiziertem Traffic assoziiert. Die Auswahl der richtigen Longtail-Keywords für Ihre Website ist ein recht einfacher Vorgang.

Dabei ist die Relevanz der wichtigste Aspekt bei der Auswahl der richtigen Keywords. Es reicht meisten nicht, einfach nur das Keyword zu nennen, denn dabei fehlt der Kontext. Versetzten Sie sich in die Lage eines Suchmaschinennutzers. Angenommen Sie möchten Brot backen und kennen das Rezept nicht. Sie werden wohl kaum nur „Brot" oder „backen" eingeben, sondern „Brot backen", vielleicht sogar noch mit dem Zusatz „Rezept". Sprich, Sie sollten auch solche Phrasen gezielt in Ihren Content bauen.

Mit „Google Suggest" bekommen Sie die beliebtesten Longtail-Keywords Ihres Themas angezeigt. Wenn Sie diese gezielt einbauen ist ein besseres Ranking vorprogrammiert. Für

Dienstleistungen eignet es sich, dass Sie den Ort in welchem Sie agieren in die Phrase mit hineinpacken. Dadurch erkennt Google, dass Sie in der Stadt XY eine entsprechende Dienstleistung anbieten. Nutzer die genau nach solchen Dienstleistungen suchen, finden schneller zu Ihnen.

Die richtige Analyse

Analyse-Tools, wie Google Analytics oder die Google Search Console, ermöglichen es Ihnen, viele wichtige Details zu Ihrer Website sowie zu deren Nutzung zu untersuchen. Mit Google Analytics können Sie alle möglichen Daten über Ihre Website erfahren. Daten, wie zum Beispiel die Anzahl der Besucher, Seitenaufrufe, Nutzungszeit und Herkunft gehören zu den Standard-Daten. Interessanter wird es aber, wenn Sie spezifische Daten erfahren möchten. Dazu gehören Alter der Nutzer, verwendetes Endgerät, Affinität und welche Seiten Ihrer Seiten am häufigsten besucht werden. Das Wissen über solche Daten kann äussert hilfreich sein, denn wenn Sie das Alter Ihrer Zielgruppe kennen, können Sie angepasste Werbung schalten und Ihre Einnahmen erhöhen. Ein tiefgreifendes Tool für die Analyse Ihrer Website ist also unverzichtbar.

Keywords

Google bietet mit dem Keyword-Planer ein kostenloses Tool an, welches Ihnen bei der Keyword Recherche helfen kann. Das Tool für Google AdWords und soll Ihnen helfen, die richtigen Keywords für Ihre Website zu finden. Doch dies ist noch nicht alles, was das Tool kann. Denn schliesslich werden hilfreiche Keywords angezeigt. Diese können Sie in Ihren Content einbauen und dadurch den Traffic erhöhen. Mit Google Trends können Sie übrigens die aktuell beliebtesten Keywords über ein Thema herausfinden. Besonders nützlich, wenn Ihre Website auf aktuelle Ereignisse ausgerichtet ist (Nachrichtenseiten etc.).

Mit den Funktionen der Website SISTRIX lässt sich Ihre Website auf SEO überprüfen. Dieses Tool zeigt Ihnen auf, wie gut Sie im Netz vertreten sind und wo Ihre Stärken und Schwächen liegen. Zudem werden die meisten Keywords Ihrer Seite angezeigt und wie gut Sie mit diesen gerankt sind. Das Tool kann auch Ihre Konkurrenz bewerten und analysieren. Somit ist es möglich, heraus zu finden was nötig ist, um die Konkurrenz auszustechen. Es lassen sich auch die Kosten für einen Klick bei AdWords anzeigen, dadurch können Sie Werbekampagnen effizienter und leichter planen.

SEO-Leistung überprüfen

SEO-Massnahmen können einige Zeit und Mühe in Anspruch nehmen. Doch was bringt es, viel Zeit und Mühe zu investieren, wenn Sie die Früchte Ihrer Arbeit gar nicht sehen können? Daher gibt es einige Zahlen, welche Sie auch täglich überprüfen können.

Besucher

Schauen Sie sich am besten wöchentlich an, wie viele Besucher Ihre Seite verbuchen konnte. Kleiner Ausschläge nach unten oder oben haben aber generell keine grosse Bedeutung. Lässt sich aber ein konstanter Aufwärtstrend aufzeigen, haben Sie alles richtig gemacht und die Massnahmen fangen an zu wirken.

Aktionen

Mit Google Analytics können Sie jederzeit überprüfen, wie stark Ihre Besucher mit dem Content interagiert haben. So lässt sich herausfinden, ob der Content ansprechend ist oder nicht. Es lassen sich aber auch Ziele definieren, sprich Sie geben vor wann ein Ziel erfüllt ist. Angenommen Sie möchten, dass Nutzer mindestens zwei Minuten auf Ihrer Seite bleiben. Um nun herauszufinden, wie viele das tatsächlich machen, können Sie dieses Ziel definieren. Google zeigt Ihnen dann nach einiger Laufzeit an, wie viele Besucher prozentual dieses Ziel erreicht haben.

Indexierte Seiten

Eine messbare Grösse, wie viele Seiten Ihrer Website von Google erfasst wurden, sind die indexierten Seiten. Diese können Sie auf Google Search Console abfragen. Umso mehr Seiten Indexiert wurden, desto besser, denn dies bedeutet Google hat Ihre Seiten aufgenommen und kann Suchanfragen damit abgleichen. Je nachdem wie gut Ihre Seite gestalten und ausgebaut ist, kann dies mehr Nutzer bringen. Alle zwei Wochen können Sie den neuen Stand der indexierten Seiten sehen, unter Umständen geht dies aber auch jede Woche. Es kann allerdings eine Zeit lang dauern, bis Google eine neue Seite indexiert hat.

Sie können aber auch eine sogenannte „Site- Abfrage" bei Google durchführen. Diese zeigt Ihnen an, wie viele Seiten der Website indexiert sind. Dafür müssen Sie einfach „site:" und die Website-URL auf Google eingeben.

Keywords und Phrasen

Am besten ist es, wenn Sie eine Liste aller Keywords und Phrasen führen. Diese vergleichen Sie dann einmal im Monat mit den neuen Keywords. Entnehmen Sie diese Keywords von Tools wie SISTRIX oder ähnlichen. Beobachten Sie auch, welche Keywords Ihnen den meisten Traffic gebracht hat und nutzen Sie die gewonnene Erfahrung, um diese bei den schwachen Keywords anzuwenden.

Bewertungen

Überprüfen Sie mit Tools wie der Google Search Console hin und wieder mal Ihr Ranking. Dadurch erkennen Sie ob Ihre Seiten tendenziell besser oder auch schlechter gerankt werden. Damit behalten Sie die Kontrolle über das Verhalten der Seite. Wenn die Seite immer schlechter gerankt wird, sehen Sie dies frühzeitig und können schnell mit Massnahmen dagegen steuern.

RankBrain und Click Through Rate (CTR)

Google Engineer Paul Haahr verwirrt für einen kurzen Moment die SEO-Experten mit diesem Bild:

Interpreting Live Experiments
- Both pages P_1 and P_2 answer user's need
- For P_1, answer is on the page
- For P_2, answer is on the page and in the snippet
- Algorithm A puts P_1 before P_2 ⇒ user clicks on P_1 ⇒ "good"
- Algorithm B puts P_2 before P_1 ⇒ no click ⇒ "bad"

- Do we really think A is better than B?

Dieses Bild will Ihnen aufzeigen, dass manchmal auch Seiten höher gerankt werden als Sie der Regel nach „sollten". Wenn die Seite eine überdurchschnittliche Click-through-Rate aufweist, nehmen wir dies als Signal, dass die Seite einen permanenten Ranking-Boost erhalten sollte. Dies macht nur Sinn, denn nur die meistgeklickten Seiten haben einen Platz in den Top Ten bei Google verdient.

Verbessern Sie Ihre Click-Through-Rate

Auch die Click-Through-Rate spielt eine grosse Rolle. Mithilfe von RankBrain, Adwords und Einträgen bei Google Shopping, MyBusiness etc. können Sie Ihre Click-Through-Rate um ein Vielfaches steigern. Wie Sie in unserem Bild sehen, erscheinen zuerst die Shopping-Einträge, danach die Adwords, und erst dann, schon fast nicht mehr sichtbar, die suchmaschinenoptimierten Einträge.

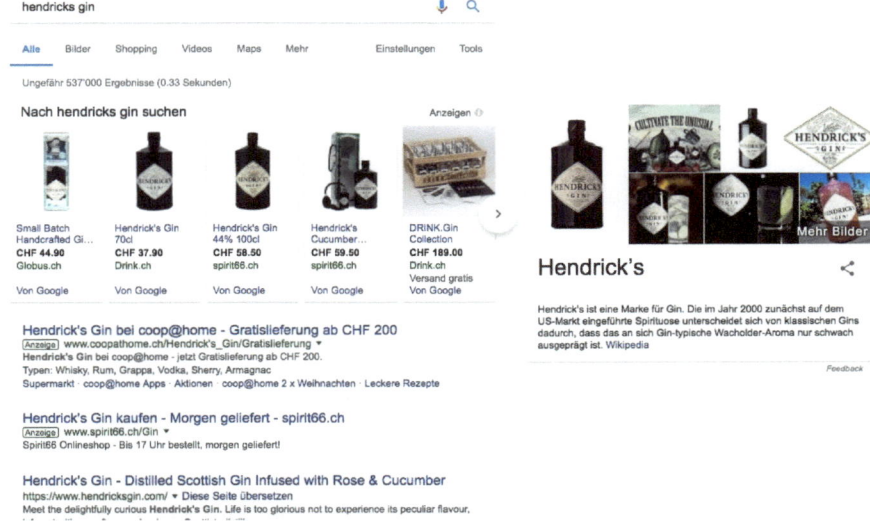

Gemäss Studien ist die organische Click-through-Rate in den letzten zwei Jahren um 37% gesunken. Dies liegt auch an Google selbst, da Google immer mehr sogenannte „Antwortfelder" einfügt, Beispiel:

Schlusswort

Auch der technische Status Ihrer Website sollte regelmässig überprüft werden, wichtige Updates, insbesondere Sicherheitsupdates, sollten immer gemacht werden. Fehlfunktionen auf der Seite müssen so früh wie möglich beseitigt werden, da ansonsten die Suchmaschinen Fehler bei der Auslesung der Daten haben und nicht richtig funktionieren.

An dieser Stelle haben Sie bereits ein gutes Verständnis, was SEO ausmacht und warum jedes Online-Unternehmen sich bewusst sein sollte, wie entscheidend Suchmaschinenoptimierung für das Geschäft ist. Die Entwicklung und Ausführung einer SEO-Strategie kann eine einschüchternde Aufgabe sein. Doch mit den richtigen Tools und Herangehensweise klappt auch dies. Sie sollten sehr strukturiert vorgehen, da man den Überblick bei all diesen Faktoren schnell verlieren kann. Doch mit etwas Übung klappt auch dies ohne Probleme.

Über den Autor

Roger L. Basler de Roca ist Betriebsökonom FH und Unternehmens-Architekt. Er ist Referent und Autor seit mehreren Jahren und bekannt für innovative und digitale Geschäftsmodelle. Als Digital Native mit einer Vorliebe für Sprachen und fremde Länder war er lange als Berater im Ausland (u.a China, USA, Naher Osten sowie Nordeuropa) tätig.

In seiner Funktion als Unternehmens-Architekt steht er etablierten Unternehmen und Startups in der Schweiz, Deutschland und Österreich in den Bereichen Business-Development, Digitales Marketing und e-Commerce als Sparringpartner und unternehmerisch beteiligter Berater zur Seite.

Sie erreichen ihn via www.unternehmens-architekt.ch oder via LinkedIn

Haftungsausschluss

Das Werk einschliesslich aller Inhalte ist urheberrechtlich geschützt. Alle Rechte vorbehalten. Nachdruck oder Reproduktion (auch auszugsweise) in irgendeiner Form (Druck, Fotokopie oder anderes Verfahren) sowie die Einspeicherung, Verarbeitung, Vervielfältigung und Verbreitung mit Hilfe elektronischer Systeme jeglicher Art, gesamt oder auszugsweise, ist ohne ausdrückliche schriftliche Genehmigung sind untersagt. Alle Übersetzungsrechte vorbehalten. Die Benutzung dieses Buches und die Umsetzung der darin enthaltenen Informationen erfolgt ausdrücklich auf eigenes Risiko. Das Werk inklusive aller Inhalte wurde unter grösster Sorgfalt erarbeitet. Dennoch können Druckfehler und Falschinformationen nicht vollständig ausgeschlossen werden. Der Autor übernimmt keine Haftung für die Aktualität, Richtigkeit und Vollständigkeit der Inhalte des Buches, ebenso nicht für Druckfehler. Es kann keine juristische Verantwortung sowie Haftung in irgendeiner Form für fehlerhafte Angaben und daraus entstandenen Folgen vom Autor übernommen werden.

Für die Inhalte von den in diesem Buch abgedruckten Internetseiten sind ausschliesslich die Betreiber der jeweiligen Internetseiten verantwortlich.

1. Auflage Dezember 2017

Autor, Herausgeber, Redaktion, Satz, Gestaltung (inkl. Umschlaggestaltung), Texte, Bilder, Titelbild: Roger Basler und Lea Mäder.

Kontakt

Analytics Agentur

Neustadtgasse 1a

8400 Winterthur

Schweiz

mail@analytics-agentur.ch

www.analytics-agentur.ch

+41 44 856 62 65

Fragen Sie uns für digitale Geschäftsmodelle, digitales Marketing, E-Commerce, Social Media und SEO!

www.ingramcontent.com/pod-product-compliance
Lightning Source LLC
Chambersburg PA
CBHW040327220526
45473CB00009B/2594